La taberna de Shiduri

Un jurado compuesto por Luis Alberto de Cuenca, César Augusto Ayuso, Carlos F. Aganzo, José Ángel Losada Gahete y Sergio García Zamora, copresidido por Ángeles Armisén, presidenta de la Diputación de Palencia, y Luis Calderón, alcalde de Paredes de Nava, adjudicó a *La taberna de Shiduri,* escrito por Santiago Elso Torralba, el Premio Internacional de Poesía Jorge Manrique, en su novena edición, organizado por la Diputación de Palencia en colaboración con el Ayuntamiento de Paredes de Nava.

#39#

Santiago Elso Torralba

La taberna de Shiduri

CÁLAMO POESÍA
Colección dirigida por
César Augusto Ayuso

ISBN: 978-84-19964-43-4
Dep. legal: P-273/2025

Printed in Spain - Impreso en España
Imprime Gráficas Zamart (Palencia)

Edita: MENOSCUARTO EDICIONES, S.L.
        C/ Italia, 49
        34004 PALENCIA (España)
        correo@menoscuarto.es
        www.menoscuarto.es

Y le respondió Shiduri, la tabernera: Nunca,
Gilgamesh, ha existido tal proyecto; nadie desde
los tiempos más antiguos ha atravesado el mar.
La travesía es penosa, muy difícil su recorrido,
pues en su curso las Aguas de la Muerte bloquean
su paso. ¿Cómo podrías atravesar el mar? Una
vez llegado a las Aguas de la Muerte, ¿qué harías?
Sin embargo, existe Urshanabi, el barquero de
Utnapishtim. Ve y que vea tu cara. Si es posible
efectúa la travesía; si no, retrocede.

EPOPEYA DE GILGAMESH (Tablilla X)

Cuando yo muera, no me veré morir,
por primera vez.

ANTONIO PORCHIA

CHARLES SIMIC EN DOVER, NEW HAMPSHIRE

¿Qué es esto, chaval? ¿Poesía?
¿Una hoja de reclamaciones
porque no quieres, como Gilgamesh,
diñarla? ¿Y qué imaginabas?
¿Que por rimar unas palabras
serías recibido en audiencia especial?
Pero, ya ves, henos aquí,
en esta oficina de mala muerte
y, con nosotros, la chiflada
que arrastra en un carro de compra
los desechos de su vida
—cuadernos, estuches, xilófonos,
una diadema de laureles falsos—,
que masculla entre dientes
su retahíla de confusas alegaciones
y, a su manera, maldiciendo,
también espera ser escuchada.
El funcionario se ha ausentado,
es la hora de su descanso.
Mientras tanto, pequeño Dušan,
qué podemos hacer
sino escuchar a la venática,

y cumplimentar nuestro pliego de descargo,
y dejarlo en la mesa atestada de recursos,
y contemplar, después, por la ventana,
los rojos edificios de la ciudad de Dover,
sobre cuyos ladrillos, igual que hace milenios
sobre las murallas de Uruk,
grandes nubes pomposas no cesan de pasar.

GEORGE HEYM EN BERLÍN

¿¡Soy el que muere en las heladas aguas!?
¡Qué extraño es todo! No sabíamos
que el día era este,
que el río era el Wannsee,
y aquí vinimos, pues amamos
el crujido del hielo
y nuestra juventud en él
se deslizaba confiada.
Absurda y bellamente
giraba el mundo a nuestro alrededor
hace un momento.
Ahora, el bosque umbrío
se cierne ya sobre nosotros,
humean como velas
recién apagadas los álamos
y en la orilla los leñadores
desoyen nuestros gritos que se extinguen
con el sol de la tarde.
¿Se acerca el día eterno?
¿Contemplo por última vez
la lúgubre luz del crepúsculo?
La que tan dulcemente antes

sobre el helado río flameaba,
capitula ahora ante una sombra
que avanza y que campea
sobre las aguas derretidas.
No alcanzaré a escribirlo: alguien
está cerrando ya mis párpados.

MARCO MANILIO EN
MONTE MARIO, ROMA

mundum... ipsum esse deum

Muero feliz, pues vi la Lira que era
de Orfeo; y vi a Andrómeda y a Orión
ardiendo cual pavesas de un carbón
que hubieran atizado en la caldera
del cielo; a Venus tras la Luna arquera;
la Vía Láctea cuyas luces son
gotas de leche de Hera; al rey Ixión,
que en su rueda de fuego se incinera;
vi a Géminis, que es uno y es diverso,
gemelas llamas de una sola lumbre.
¿Qué afable dios consiente que aún vislumbre
la oscura eternidad del universo,
que el anchuroso Cosmos estrellado
quepa en mis nimios ojos apretado?

LORD BYRON EN MESOLONGI

Lo presiento: voy a morir.
No pediré misericordia, *ah Christi!*
no tengo nada que rogar
ni agradecer a quien me dio la vida
y ahora exige que la devuelva.
¡Qué más da! Para terminar
mi tediosa existencia vine a Grecia.
Solo esto suplico:
que no descuarticen mi cuerpo
ni a Inglaterra lo envíen,
enterradme en cualquier rincón, sin pompa,
y que mis huesos se pudran aquí.

¡Oh! pobre vida mía,
mi querida vida deforme,
te pierdo. Y, entretanto,
¿se huracana el siroco
y Mesolongi está de fiesta?
Oh! Questa è una bella scena
que no podré contar.

Como Mazepa atado a su frenético
caballo, a lomos del azar,

sin meta ni propósito,
enardecido, loco como el viento,
cabalgué por Europa.
Crucé como Leandro el Helesponto,
a nado, desde Sexto hasta Abydos.
De la fuente de Delfos fui devoto
(y le agradezco a Apolo cuanto hizo por mí).
He grabado mi nombre en la proa del mundo,
en el ruinoso templo del cabo de Sunión.
Sobre la tumba de Patroclo
leí a Homero, y en Turquía
vi perros devorando un cuerpo humano,
y vi en Isola Bella el gran laurel
donde talló Napoleón
la palabra *Battaglia*.
Amé la libertad, me deslumbró el tirano
que sembró de cadáveres Europa.
En la Cámara de los Lores
condené la pena de muerte.
«¿No merecen piedad
y pan para sus hijos los obreros?;
¿o vale menos una vida
humana que un telar?», les dije.

Fui compasivo a veces. Fui casi siempre cruel.
Salvé en Atenas a una joven,
condenada por un amor ilícito,
cuando la arrojaban al mar
dentro de un saco. A Allegra,
mi hija, que brillaba como la Vía Láctea

entre los niños cetrinos de Italia,
la abandoné en un convento.
Estuvo sola hasta los cinco años.
Antes de que muriera, me requirió: no fui,
ni permití a su madre visitarla.
A la mía, no sé por qué la odiaba tanto,
no sé por qué odié a tantos que me amaron.
Mi hermana Augusta fue
mi única y constante y turbia devoción.
«Obsceno, impío, adúltero», gritaban.
Me fui. ¿Qué saben del amor
los severos censores de Inglaterra?

Tan desmedidamente he amado la belleza,
que arrasaría Troya una vez más
por ver de nuevo el bello rostro
y oír la alegre voz de Thyrza.
De la copa que hice con un cráneo,
bebí; de los placeres de la vida,
como Don Juan, tuve lo mío;
fue la lista de mis conquistas
igual que el *Canalizzo* de la ambigua Venecia:
lunga e larga. Pero hoy, porque he cumplido ya
los treinta y seis, aquel que miro cada día
con más amor y más de lo debido,
a todas horas frunce el ceño.
¿Me rechaza? Da igual.
Si ya no puedo ser amado,
al menos puedo todavía amar.

Vine a Grecia porque quería
otro Lepanto, y otra gloria,
no de letras, sino de pólvora.
Ha sido en vano mi deseo,
y estoy aquí, perdido,
y estoy luchando, pero solo,
contra una fiebre de pantanos.

Han puesto sanguijuelas
en mis sienes. Buscan un alma,
acaso encuentren solo versos.
¿Qué es esto? ¿En qué lugar me hallo?
¿Deliro? Estoy frente a un crepúsculo,
y el sol, que resplandece aún
como una cornalina al fondo de la tarde,
muy lenta y dócilmente va apagándose;
estoy ya casi entre tinieblas,
aquí, donde la hierba húmeda
y el musgo de las tumbas
brillan como esmeraldas;
aquí, bajo una luna en cuyos cráteres
se enreda la enramada del ciprés;
estoy entre estos penitentes,
atlantes de la noche tallados en columnas,
entre estos arcos que parecen aves
que aletearan sobre el claustro;
estoy junto a la fuente helada
de inmóvil agua azul,
estoy junto al brocal,

y hay ángeles de piedra,
con paños de pudor y con guirnaldas,
danzando alrededor del pozo;
estoy aquí, sobre estas hojas secas
que quiebran la quietud nocturna y crujen,
crujen bajo mis pies
y un nombre bisbisean
si la brisa las barre
y las dispersa por las losas.
Sombrío me parece el patio, y lúgubre;
sin embargo, si no es aquí,
¿dónde podré encararme con la muerte,
dónde podré arrollarla y, otra vez,
como un espíritu, intangible
y de tan lejos, retornar al mundo?;
¿dónde, dónde podré resucitar
si no es aquí, aquí, en la Palabra?

John Keats, un nombre escrito
en el agua; Shelley, un humo
que se pierde en la playa de Viareggio.
Me pregunto qué seré yo.
*Io lascio qualche cosa
di caro nel mondo*. Por lo demás,
muero contento. Y, ahora,
ahora quiero dormir.

JUARROZ EN BUENOS AIRES

Soy otro más que muere hoy.
                              No obstante,
para que la muerte no diga
la última palabra,
inventé un truco extraordinario:

como el buque que una vez vi
flotando en el aire, a lo lejos,
suspenso en la calígine,
muy por encima de la superficie
del mar, así elevé
la pesarosa muerte con mis versos.

La convertí
en espejismo vertical,
en una vulgar Fata Morgana.

JOSÉ ANTONIO RAMOS SUCRE EN GINEBRA

Basta, ya es suficiente. Me agota el tormento de ser excesivo, la responsabilidad de ser numeroso, el mandato de ser muchos hombres.

Yo surqué los mares de Ulises y Eneas, recorrí los desiertos helados de Thule, principié rutas en las desoladas planicies de Tartaria. He sido, porque así lo quiso mi creador, sacerdote de Isis, comerciante de Cartago, magistrado de Qin Shi Huang, buhonero de Gálata, samurái en la era Heiji, segundogénito del papa Rodrigo de Borja. Insensata e incesantemente mi inventor centuplicó mi alma en sus versos. En todas las épocas y en todos los reinos viví, medré, traicioné y fui traicionado, asesiné y fui asesinado. En ningún lugar he hallado descanso. He muerto interminablemente, cuantiosas veces. Como una hierba adventicia renazco en el poema siguiente transformado en un hombre distinto. Entonces, una insidiosa y lacerante vergüenza se apodera de mí.

Yo perseguía el amor acendrado y la inusual belleza. Creí que podría alcanzarlos, pero fue en vano. Sobre mis hombros llevaba el peso de demasiadas culpas; sobre mi frente, una mácula de violencia. He fracasado y, conmigo, los incontables sosias que alguna vez fui. Ellos fueron testigos de mi aflicción, de mi bizarro malestar. Cualquiera que haya sido mi apariencia tornadiza —hoplita, monarca, usurero, espía, alquimista, inquisidor—, siempre daba con algo que me derribaba.

En la tarde ginebrina, de nuevo soy otro hombre. Mi continua mutación se me antoja repulsiva; y el carrusel de noches y días, monótono, aborrecible. Pero acaso haya encontrado un efugio para este martirio. Pronto lo sabré.

Mi caprichoso demiurgo me quiere esta vez compasivo. Ordena que mire en el espejo su rostro macilento, y yo obedezco, y me apiado de José Antonio Ramos Sucre, el trovador desdichado, el único ser que no supe ser cabalmente nunca. Leo *Residuo,* su último poema, y escucho una vez más la terca fábula de su insomnio que en tantas ocasiones me ha narrado. Hoy tampoco consigue dormir. Le he dado un sedativo clemente. Esta noche, por fin, mi hacedor descansará.

BOB FLANAGAN EN LONG BEACH

Soy un instrumento. Soy un clarinete.
Maestro, soy un oboe si usted lo dice.

...

Enciérrame o aplástame, pero como por arte de magia,
cada reducción me hace aún más enorme.

SONETOS DEL ESCLAVO. BOB FLANAGAN

I.

Desnúdame y anúdame con tiento
y fuerte las muñecas, y que el lazo
con el que me atas a tu dulce abrazo
deje en mi piel un claro raspamiento.

Concédeme el favor de este tormento:
que no quede sin daño ni un pedazo
de mí, lastímame y, en mi regazo,
fléchame con tu lengua y con tu aliento.

Cubre mis ojos, véndalos con besos,
envuélveme en la fría oscuridad
donde tu tacto queme como un fuego.

Hiéreme así, con todos los excesos;
conviérteme en un ser sin voluntad,
un mártir maniatado, turbio, ciego.

II.

Qué dentellada tuya se apresura
hacia mi cuello tenso y yo, qué lento,
qué presa soy y qué desvalimiento
y, para ti, qué fácil mi captura.

Qué cruel, qué ansiada y dulce mordedura
en la garganta espero tras tu aliento,
inerme y entregado la presiento,
aguardo quieto, inmóvil mi postura.

Pues muerde, acaba de una vez conmigo
y sella, marca en mí tu territorio
con los dientes; ensaya el repertorio

de herirme lentamente; en pecho, ombligo
y muslos sé süave, pero firme,
que yo, después, me aplicaré en morirme.

PRÍNCIPE DE VIANA EN BARCELONA

(Nos, príncipe don Karlos IIIIº, propietario e Sennor del regno de Navarra, a punto de entregar el ánima mortal en brazos del Universal Creador, componemos los presentes versos el día veintitrés de setiembre del annyo mil CCCC LXI del nascimiento de Nuestro Sennor Ihesu Christo)

Si la fe, según mi concepto,
es sin la vista creer,
assi bien l'amor perfecto
es en ausencia más querer
Amé la Poesía commo pocos la han amado
ca la amé incluso en ausencia della

Porque a pesar de las tribulaciones muchas,
de los sinsabores e grandes pesadumbres
que me afligieron en vida,
pese al destierro e la constante reclusión
que me impuso mi Sennor Padre,
a quien Dios nuestro Salvador guarde muchos annyos,
siempre quise bivir rodeado de poetas

Y assí, en las cárceles que ocupé,
recordaba siempre los muy magníficos versos
de los poetas que había conoscido
Pensaba en Simón y Pedro del Puy,

que llenaron la corte nabarra de música francesa;
y en García Sury, en Burcassot,
en Petit Juan y en Hanequín de Malines,
cuyos versos ficieron más bellas aún
las estancias del Palacio de Olite;
en Thomas Ludello y en Juan de Oldfield,
los quoales trujeron a la Catedral de Pamplona
sus laúdes y motetes ingleses;
en Sancho de Echalecu, en Juan de Ursúa,
y en Juan Sabarít y en Francón de Bresa,
descendientes de estirpes de juglares navarros;
en Diego de Sevilla, en Francisco de Villalpando,
en Juan de Valladolid, en Mosén Pero Vaca,
y en Diego Gómez de Sandoval,
en Bocanegra y en el doncel Gregorio,
en Gonzalo de Ávila y en García de Padilla,
y en Hugo de Hurriés y en Pere Torroella
y en Roís de Corella y en Ausias March,
los quoales conocí en mi corte
o acompañáronme alguna vez en mi destierro
Ojalá sea fallada e perdure muchos annyos
la verdat y belleza de su scriptura
ca digna cosa es que sus versos los canten
los venideros hombres de todas las Espaynnas
para que puedan delectándose
continuamente repetirlos con grand alabança

Languidece la tarde He concluido
de dictar mi testamento En él ordeno

que se pague a mis acreedores,
se enajenen mis bienes para liquidar todas las deudas,
se reparta entre mis tres fijos e su hermana
lo que les correspondía de la herencia de su madre,
otrossí se le entreguen mil florines
a mi padre, el rey Juan de Aragón,
et se le dé a mi cuerpo sepoltura
allí do mis amigos lo estimaren oportuno

Desde mi cama, aguijo mi mirada hacia la ventana,
intuyo que la muerte se aproxima
e solicito el Corpus
et, al contemplar la puesta de sol,
comprendo que mis ojos no volverán a ver más otra

Muero hoy, non lo dudo
¿Qué me queda por facer sino solicitar
el auxilio de la Musa? Quizás por su intercesión
non quede huella de amargura
ni rastro de rencor en mi semblante
fatigado por la lucha
Con gesto tal acaso retráteme algún artista
o algún poeta me recuerde
Si fuera assi, por más que arriba gire
el carrusel de los astros,
el tyenpo no ha de tocarme ya jamás

Nada más pido Biví como un príncipe,
pero quisiera morir como un rey

Ya no es posible, lo sé, mas non me resigno
Tal vez la buena Musa, al ver mi templança
ante mis dos anhelos non cumplidos en vida
—haber aplacado la cólera de mi padre,
haber sido por fin rey de Navarra—
cubra en la hora postrera mi rostro
con el sudario de una regia serenidad

SOPHIA DE MELLO EN LISBOA

En vano el cantero tallará
mi nombre en la piedra,
pues viví demasiado y muero ahora
sin hijos que me lloren.
Insoportablemente, uno a uno,
los fui sobreviviendo.

Forastero que has de pasar
frente a mi tumba, no se te permite
llamar a la que no quiere volver.
Prosigue, entonces, tu camino
y allí tú no me nombres. Abandona
un lugar donde solo moran
los líquenes que corroen el mármol.

SAFO EN LEÚCADE

En este acantilado, enamorada,
me fundo con el sol.
Soy ya la destructible claridad de la tarde,
soy la última luz, la altísima
luz que muere en la roca
donde nunca ha cesado el estruendo del mar.
Y aquí, asombrada, turbada
por la espuma violenta,
por el viento, la lluvia,
por el zigzag de iracundas gaviotas,
¿qué palabras escucho en el friso del día?

Más última aún tú puedes ser.
¡Salta, salta!, gritan las olas,
que no conocen
pero conceden paz.

ABBÁS IBN FIRNÁS EN CÓRDOBA

De niño, en Ronda, tuve un sueño: ser
igual que un pájaro y volar. Firnás
me llamo y soy un sabio bereber.
Fui constructor de autómatas; aun más,
de astrolabios, clepsidras, del primer
planetario de al-Ándalus, quizás
de los primeros vidrios de leer.
Fui traductor, cronista y, además,
de Abderramán soldado, centinela
de las ciencias, y músico, estrellero,
poeta y, sobre todo, el ingeniero
de un artilugio en Córdoba que vuela.
Otros habrá que seguirán mi estela.
Quise volar. Volé. Fui el primero.

HÖLDERLIN EN TUBINGA

¿Hölderlin dice? no creo que exista
Señor desde hace ya cuarenta años
habito en esta torre y nunca he visto
a Friedrich Hölderlin aquí jamás
en cuanto a mí ¿qué quiere que le diga?
mi mundo es solo un muro y un jardín
dos sillas un sofá un atril de pie
y una espineta rota que no suena
descalzo me paseo por la noche
retumban mis pisadas y se escucha
mi música yo soy bibliotecario
del Príncipe y acaso ya no vivo
yo no soy nada por favor no insista
yo no me llamo Hölderlin señor
me llamo Scardanelli Scarivari
gracias me llamo Salvatore Rosa
o algo parecido humildemente
y separado como si estuviera
en otra enorme vida lejos solo
¿Su Santidad desea algún poema?
yo no soy nada lo que busco es todo
alguna luz que permanezca ¿lo oye?
cuando al fin nos hayamos ido adiós

ni el laurel ni los mirtos son mi meta
asoma el bosque con su oscura imagen
y lo que tanto ansío es lo sagrado
lo importante lo fundan los poetas
¿no le parece? estamos tan perdidos
en un mundo tan bello ¿y sabe qué?
el tiempo torrencial se apoderó
de mí ¿he de morir tan dócilmente?
¿hacen sonar las parcas sus tijeras?
¿mi canto maduró? ¿es hora ya?
retumbe pues el mundo con mis versos
y bienvenidas sean estas sombras
y no se salve ni mi pobre nombre
pues yo crecí en brazos de los dioses
y si una vez como ellos he vivido
no necesito más Su Santidad.

PEDRO PIETRI EN NUEVA YORK

escaleras abajo en el metro
todo aquí mi amor es
     extrañeza   subsuelo
todo son galerías corrientes de frío
          chirridos de trenes
desvaneciéndose por corredores últimos

interminables pasillos recorro
          entre paneles que no comprendo
entre las risas que escapan de algún graffiti impreciso

ahora mi jadeo   oigo mi jadeo
     huérfanas lámparas me ciegan
y en los claroscuros mis sombras
         no me esperan
               me dejan atrás

un ruido de motores reverbera en los techos
se agiganta de pronto
ruge desde vías muy profundas
desmesura los túneles con su estruendo

he aquí por fin la estación interior
no se detiene ante mí la memoria
cruzan sus vagones con furia
con estrépito fúndense carne y metal

con qué urgencia
con qué imprecisión
con qué brevedad de parpadeo
desde el andén se adivina lo vivido

oh dentro de mí
en el fragor subterráneo de mí
                    delirar
insensatamente creer que viajamos aún
en esta desenfrenada máquina de olvido
          que huye
          que no se estaciona
          cuya ráfaga de aire en mis sienes
          susurra su adiós sostenido
todavía vamos tú y yo
tú y yo alguna vez
                    delebles y
velocísimos   tú y yo   tú y yo   tú y yo   adentrándonos
                                                      en lo

HORACIO EN LICENZA

Míos serán los míseros
huesos y la curva osamenta,
la hueca calavera
que, aquí, yacerán. Meditad,
caminantes, en mi raro destino,
pues cultivé sin tregua
forrajes y versos. Jornadas
hubo en las que nada compuse,
pero a mi azada avariciosa
ni un día de descanso concedí.
Me hice con toda la tierra
colindante a mi tierra.
Muy pronto habré de conformarme
con esta estrecha cárcava.

OLIVIA STONE EN DOVER, KENT

¿De nuevo avanzo entre volcanes
contra el perenne viento atlántico
y, otra vez, a lomos de un camello,
dejo atrás las febriles palmeras de Tinajo,
la desolada planicie de El Jable,
las temerosas parras de La Geria
ocultas tras los muros circulares?
No lo dudo, no es mal sitio para morir
las Montañas del Fuego;
y qué mejor momento
que el rojo atardecer sobre su costa,
cuando el violento sol más tiernamente
nos envía sus rayos y repuja
filigranas de oro
sobre la ardiente lava negra,
cuando, porque se va la luz, más dulce
y triste es toda despedida.

¿¡Qué ascuas encendidas o qué brasa,
qué piedra incandescente esconde
esta ardorosa isla dentro
pues cómo hierve el mar cuando la toca!?
¿Aún humea aquí la creación del orbe,
la fundición del mundo,

y en este acantilado es donde emergen
sus vahos de acería, sus férvidas pavesas?

Azul y frío está el océano
tratando de templar la tierra;
pero, ¡qué inútil cólera de siglos
sus mareas, sus encrespadas ondas!;
¡y qué trituración de espumas queda!
Ruge, brama, golpea el mar las rocas,
y deja resbalando en los cantiles
furiosas esmeraldas,
zafiros crepitando entre carbones,
topacios, resonantes pedrerías,
y el fragor de unas olas obstinadas.

Sin arquitrabes sostenida,
sin arcos ni pilares
una sagrada, iridiscente
y vaporosa bóveda
se yergue por encima de mi cuerpo,
mi mano casi alcanza sus vidrieras;
se abre en mí la rosa de los vientos,
se colma el aire del aroma
intenso de los sures,
del olor a salitre de los nortes,
me lleno de fragancias,
desordeno los puntos cardinales.

Mi cuerpo muere en Inglaterra,
mi alma vaga ya por Lanzarote.

BUKOWSKI EN SAN DIEGO

la muerte me dice
qué negra es esta noche
permíteme que te acompañe

la muerte me dice
yo soy la nieve
la casi ya disuelta nieve que tú pisas

yo soy el parque que atraviesas
los hierros que gotean
las húmedas cadenas
la inquieta sombra del columpio soy

las luces de los bares que se apagan
la botella que estalla
las bruscas voces súbitas

soy el que silba entre los setos
soy el que bate las acacias
soy el que vuelca los cubos de basura

mi melena se enreda con los árboles
mi mirada desordena las estrellas
soy el que al fin te trae la fría madrugada

oh muerte le digo a mi muerte
tú eres la luz y yo
la oscuridad que tú derribas

PERCY BYSSHE SHELLEY EN ALGÚN LUGAR
CERCA DE LA COSTA DE LIGURIA

Con el viento del oeste,
y con los árboles que se combaban en el viento del oeste,
y con las hojas que, desprendidas de los árboles, se fugaban
        persiguiendo al viento del oeste,
firmé un contrato.

Yo era un muchacho fácil de engañar.
«Mi vida a cambio de vuestro secreto».
Pensé de veras
que cumplirían lo acordado.

Siento estos días que el viento del oeste me ha dado la
                                                [espalda,
y que los árboles me ignoran cuando paso,
y me he dicho que, buscando entre las hojas eso que se
        esconde de mí,
tal vez me haya perdido a mí mismo.

Quién sabe si hoy, aquí,
mientras me balanceo en la proa del *Ariel*
el cada vez más diserto viento del oeste
habrá por fin de susurrarme al oído su secreto.

ANDRÉ BRETON EN SAINT-CIRQ-LAPOPIE

Exquisito lector, aquí tienes el último poema
que he hecho para ti antes de morir.
Lo he escrito como mandan los cánones:
de arriba hacia abajo;
así sentirás que cada verso es el travesaño
de una escalerilla que cuelga.
Por ella podrás descender,
como un espeleólogo,
hacia el sentido profundo del poema.

Pon tu confiado pie en la segunda estrofa.
Ya ves que he colocado,
para tu confort y seguridad,
un mundo comprensible a tu alrededor:
los pájaros gorjean, las rosas florecen,
el cielo es azul, y, al verte,
la gente te saluda con la mano.

Pero ahora pisas ya la tercera estrofa,
y es aquí donde el poema empieza a embarullarse:
            los conceptos se enredan,
el paisaje se vuelve confuso,

el mundo, inextricable;
y tú, con un gesto de fastidio,
pasas por encima de las palabras
        ríspido, túmulo, uliginoso,
sin entenderlas, y sin saber qué hace en medio del
                              [camino
este latinajo: *In cauda venenum.*

A mitad del descenso ya no hay vuelta atrás,
entras en un ámbito subterráneo,
has llegado al busilis, al meollo del asunto.
        De pronto estás solo,
la oscuridad y los murciélagos te rodean,
desde lo profundo te llega el resplandor de unos
                             [incendios,
oyes gritos desesperados y, lo sé,
                huele a azufre.

Lector que estás a punto de darte un batacazo,
        de convertirte en papilla surrealista,
te he traído a este terreno lleno de tropos,
lleno de trampas donde,
                cuando menos lo esperes,
pisarás un desatinado adjetivo,
        es decir, la tabla medio podrida
que he puesto por ahí
                para que te caigas.

Inútilmente te aferras a las palabras de siempre:
        rosicler, alma, vida, canción, amor, poesía,

resbalosas como el hielo pues las unté con mantequilla;
en vano te agarras a la palabra
                    palabra
que se te rompe en mil añicos.

                    Ahora estás colgado en la escalera,
          en una postura imposible,
como alpinista trabado en su cordaje desprendido,
como mosca que eres en la telaraña poética,
                    y hago caer sobre ti, porque me place,
una cornisa, un botijo, un busto de Beethoven,
un yunque, una armadura, un piano de cola,
la Enciclopedia Británica,
cualquier cosa que se me ocurra;
                    y, si eso no basta,
volcaré en tu cabeza una caja de arenques
y te daré un latigazo en la espalda cuyo chasquido
dé inicio a una lluvia de gatos,
                    a un derrumbamiento de piedras,
a una hecatombe de bueyes,
                    a un cataclismo de sandías.

No te queda mucho, chaval,
pronto caerás tú también como fruta madura.
Pon tus desafortunados pies en el último verso,
leedor que nada comprendes:
                    uno, sobre la palabra *cadáver*
                    (te lo dice un cadáver);
                    el otro, sobre la palabra *exquisito*.

ROBERT WALSER EN HERISAU

Yo, que escribí hace tiempo estas palabras:
Yace en medio de los abetos
verdes cubiertos de nieve.
¡Qué espléndido reposo!;

yo, que una vez dije:
Ojalá me dejara cubrir por la nieve
y, sepultado en ella,
muriese dulcemente;

yo, cuando en verdad muero
de ese modo aquí,
digo que, así como sabe borrar la nieve mis huellas,
ojalá supiera mi cuerpo desvanecerse también.

Pero sé que querrá perdurar
un poco más que yo.
Y por eso dejo, para aquel que me encuentre,
este mensaje escrito en la nieve:

No es culpa mía.

MANUEL ALCÁNTARA EN MÁLAGA

Toda la tarde
—en realidad, toda una vida—
la he pasado tecleando
en mi Olivetti.

Hoy, como si escribiera
bajo un techo de cinc, el ruido
de estas teclas parece una lluvia furiosa.

Miro las palmeras del parque.
Meciéndose en el aire, pasan
el tiempo pintando en las nubes
pétreos bisontes rojizos.

Escríbelo, Manuel, escríbelo,
tal vez sea lo último.
Contempla esta estampida súbita
—¡oh, qué atardecer tan hermoso!—
y cómo al fin clarea el cielo
al dispersarse la manada.

GEORGE TRAKL EN CRACOVIA

Voy por Cracovia. Atrás quedó una plaza.
Bajo una luz que muere con la tarde,
veo mi sombra gélida y cobarde
que estira su silueta y se adelgaza
entre las calles. Todo me amenaza:
la noche oscura y fría que hace alarde
de una luna que arriba brilla y arde;
esta tiniebla que, ávida, me abraza.
La nieve sucia con su negra usura
marca mis huellas, borra mi figura,
y hay en el aire una mortal malicia,
una penumbra que mi ser codicia:
mi sombra está en sus sombras diluida.
En ellas se disuelve al fin mi vida.

EUGENIO MONTALE EN MILÁN

Qué oscuro y silencioso me pareces,
Mundo, si estoy sin ellas;
                              y, por eso,
te doy las gracias por la Luz,
te doy las gracias por la Música.

Cierto es que no era esa
—la que se va, vuelve
y, luego, otra vez nos abandona,
cuyo continuo hacer y deshacer el día
parece el resplandor de un faro—
sino otra luz,
la Luz de un alba inextinguible
lo que yo esperaba.
                          Pese a todo,
te agradezco el diario simulacro,
su intermitente afán.

Ni era, lo que yo quería,
esa que suena,
esa que, apenas llega, se despide,
que huidiza en el oído se desliza

como una airosa ninfa sobre una caracola
y luego ya se desvanece,
sino la Nota sostenida, sólida,
que un ángel esculpido en piedra
hace sonar en su trompeta.
                              Sin embargo,
te agradezco el milagro breve,
su fugaz aparición.

No, no era eso
—luz que huye, música que acaba—
lo que yo quería;
                    y, no obstante,
a ti me aferro, Mundo,
como a un clavo ardiendo,
y a tus perecederos dones,
que acaso sean solo el florecer
de tu precario amor hacia nosotros.

Y por eso, porque un instante aún
una mañana más,
un día entero me has salvado
y puedo contemplar aún
tu inexpugnable resplandor,
y puedo oír tu inconsolable canto,
gracias, Mundo, gracias.

RILKE EN GLION

La senda que me ofrecen los pinos se ha llenado
con su perfume. Así se vengan estos árboles,
pues la alquimia del bosque maduró sus venenos
y en sus ásperos troncos rezuman ya resinas
que marean y embriagan y aturden los sentidos.
¿Quién eres tú —me dicen— *ascendiendo a los montes*
en un alba de estío? ¡Cómo odiamos la escarcha
que humedece tu piel, o la roja tormenta
en tu pecho bramando, la luz de sus relámpagos!
Cuando exhausto me apoyo en sus duras cortezas,
el ámbar que destilan se me pega en las manos.
Su resina dorada de soles y de siglos
se licua en mis dedos y, emboscado en su aroma,
hay un hechizo cruel que siempre me devuelve
a la infancia. Así quieren que sepa lo fugaz
de mi vida los pinos que sin tregua me odian.
Me envidian, sí, pues viven sin entender que viven
y mueren sin saber que mueren para siempre.
Y nada sienten ellos, ni el agua que los cala,
ni el rayo que los hiere, ni el viento que los comba.
No saben cómo amar ni cómo oír al pájaro
que canta entre sus ramas, o cómo huir del bosque

o alguna vez subir a la nevada cumbre.
Por eso es el olor de los pinos tan recio.
Llenan con su rencor los senderos sombríos
que me ofrecen, y así se vengan: recordándome
el tiempo que no vuelve, confundiendo mis pasos.

TIRTEO EN ESPARTA

A ti te arengo en la postrera hora,
corazón mío, a ti que has sido mi único,
mi bravo y mi constante compañero.

Nací en Mileto, fui deforme y cojo,
de mi joroba todos se burlaban.
Muy joven aprendí a cantar, la Lírica
me salvó... ¡tantas veces! Escapamos,
cruzamos las llanuras de Anatolia,
y la bárbara Tracia y la Península
Helénica y, pues que la guerrera
Esparta combatía, allí nos fuimos.

¿Qué oráculo les dijo que de Atenas
llegaría un soldado poderoso?
No dieron crédito a sus ojos. Hombres
de una ciudad cuya severa ley
dictaba que los hijos que nacieren
con taras o enfermizos los tirasen
al hondo y negro abismo del Taigeto
vieron llegar a un viejo contrahecho.
Y, pese a todo, Esparta me adoptó.

Luché en sus campos, no con la filosa
espada. Con mi lira, con mi voz,
¿a cuántos jóvenes insté a morir,
por defender su patria en la contienda?
«Avancemos trabando una muralla
de cóncavos escudos», les decía.
Ya soy nonagenario, a mí me toca
ahora descender al hondo Hades.

Si vamos a perder esta batalla,
pues invencible es la rival, entonces,
no importa, corazón, nuestra derrota.
En vanguardia luchemos cuerpo a cuerpo,
y a la enemiga muerte ni un instante
demos tregua. ¡Ea!, vayamos juntos
al combate empuñando nuestras armas,
las únicas que tengo, las palabras.
Y sea su fragor igual que cuando
las lanzas se entrelazan con las lanzas.

Más tú, mi corazón, mi compañero,
conserva tu coraje, no te rindas
dócilmente si escuchas a lo lejos
redobles y relinchos tras la niebla;
que sus caballos brunos no te aterren
cuando hacia ti cabalguen en tropel,
ni cedas al espanto de sus belfos

que resoplan terriblemente mientras
ya se acercan. Escucha sus tambores,
sus cascos: ¡Qué poca cosa! Un estruendo
mayor tras nuestro escudo fiel retumba:
el de tu roja sangre que aún palpita.

TAMIKI HARA EN TOKIO

sobre las vías
mirando un mundo en ruinas
un ser humano

entre el balasto crece
un diente de león

ENKHEDUANNA EN UR

Enkheduanna es mi nombre, hija soy
de un rey de reyes, de Sargón de Akkad,
rey de las cuatro regiones del mundo;
Enkheduanna es mi nombre y soy
alta sacerdotisa en la ciudad de Ur;
Enkheduanna es mi nombre
y vuelvo al barro esta jornada.

Ojalá pudiera ahora retroceder de nuevo
a los días en que dictaba leyes
y componía himnos
en la casa de la Gran Luz,
el templo del dios Nanna.
Pero esa vida ya no existe,
y, aunque en los confines del mundo
la buscara, jamás la encontraría,
pues todo cuanto hice es ya solo un viento.

Nergal, que como una tempestad
golpea y lo derriba todo,
que porta el trueno y el relámpago,

cuyo enérgico cuerno
ilumina el país de Summer;
Nergal, antiguo dios del cielo,
cuyo ojo escudriña el corazón de todos los mortales
y cuyas decisiones no pueden ser cambiadas,
ha tocado mi mano,
Nergal ha tocado mi mano
y muy pronto seré otra sombra
que, errabunda, deambula
sobre el agua salobre, el polvo,
la tierra y las tinieblas del reino de su esposa,
Ereshkigal, señora del infierno.

Pero, ahora, mientras bebo
cerveza en la taberna de Shiduri
y espero al barquero Urshanabi
para cruzar las aguas de la muerte,
pienso en cuán inhumana
es la avaricia de los dioses
—reservaron la inmortalidad solo para ellos—
a los que inútilmente amamos,
a los que amamos, pero inútilmente,
porque ellos a nosotros, no.

Enkheduanna es mi nombre, hija soy
de un rey de reyes, de Sargón de Akkad,
rey de las cuatro regiones del mundo,
Enkheduanna es mi nombre y soy

alta sacerdotisa en la ciudad de Ur,
Enkheduanna es mi nombre
y vuelvo al barro esta jornada.

Índice